AF232466

A MESSIEURS

LES TRÈS HONORABLES MEMBRES

DE

LA CHAMBRE DES DÉPUTÉS.

TRÈS HUMBLE PÉTITION

Des Créanciers du Roi,

DONT LES CRÉANCES ONT ÉTÉ RECONNUES ET FIXÉES
PAR LA COMMISSION CRÉÉE PAR L'ORDONNANCE ROYALE
DU 2 AOUT 1828,

TERMINÉE

PAR UNE DÉNONCIATION ET ACCUSATION DE TRAHISON
CONTRE LE MINISTRE QUI, SANS RESPECT POUR S. M.,
A OSÉ NIER, DU HAUT DE LA TRIBUNE,
LES DETTES SACRÉES DU DÉVOUEMENT
ET DE L'HOSPITALITÉ.

PARIS.

IMPRIMERIE DE PIHAN DELAFOREST (MORINVAL),
RUE DES BONS-ENFANS, Nº. 34.

1830.

Le bien d'autrui. . . . . .
Ne retiendras à ton escient.

VIIe. Commandement de Dieu.

J'ai cette consolation en mourant, de
ne devoir, comme particulier, de restitu-
tion à personne. . . . J'espère donc en
la miséricorde de Dieu.

*Paroles de Louis XIV , à l'article de
la mort.*

A MESSIEURS

LES TRÈS HONORABLES MEMBRES

DE

LA CHAMBRE DES DÉPUTÉS.

TRÈS HUMBLE PÉTITION

Des Créanciers reconnus du Roi.

MESSIEURS,

PÉNÉTRÉS de reconnaissance de l'intérêt que vous avez bien voulu accorder à leurs précédentes pétitions, les Créanciers du Roi ont l'honneur de venir encore une fois réclamer votre intervention et votre appui, auprès du Gouvernement de Sa Majesté, POUR OBTENIR LEUR PAIEMENT : toutefois, après vous avoir rendu compte de leur situation, depuis l'Ordonnance royale du 2 août 1828, qui les a appelés à venir, *dans le plus bref délai*, produire leurs titres devant une Commission, chargée

1..

de reconnaître et fixer leurs créances : et cependant, après dix-neuf mois d'attente, sur la foi de l'Ordonnance à laquelle ils se sont empressés d'obéir, une lettre officielle de M. l'Intendant-Général de la Maison du Roi, du 5 décembre, à M. le Garde-des-Sceaux, leur a appris : « qu'il a » été résolu de ne donner aucune communication » du travail de la Commission, *aux parties inté-* » *ressées !* » Comme si l'Ordonnance du Roi n'eût été qu'un leurre et une déception ! Comme si le Ministre qui a contresigné l'Ordonnance n'eût appelé aussi solennellement les Créanciers du Roi, à venir faire reconnaître leurs titres, que pour rendre leur sort plus lamentable, et la banqueroute plus scandaleuse !

Dans l'acte d'accusation du ministère *déplorable*, le vénérable doyen de la Chambre, inspiré par *l'amour de la dynastie, si puissamment empreint dans le cœur des Français*, s'est écrié : « N'est-ce pas » avoir trahi la Couronne, que l'avoir montrée si » souvent ingrate envers ceux qui, dans ses revers, » lui ont sacrifié leur fortune et leur vie ? »

Il faut, Messieurs, se permettre de tout dire, de ceux qui se sont permis de tout oser.

Eh ! quelle trahison a pu léser davantage la majesté de la Couronne, que celle qui ne tendait à rien moins qu'à flétrir l'honneur, la probité, la conscience du Monarque, et à provoquer, sur sa personne sacrée, la désaffection de son peuple, la déconsidération de l'Étranger, et le blâme qu'entraînent le manque de foi, la banqueroute et l'ingratitude?

La trahison qui excite à la haine et au mépris du gouvernement du Roi, peut-elle se comparer à celle qui exciterait à la haine et au mépris de la personne même du Roi? Et comment un Ministère, présidé par un noble ami du Roi, pourrait-il s'exposer à en encourir le reproche?

Partout où parvient *le Moniteur*, on a su et on se rappelle avec quelle impudeur, dans la séance de la Chambre, du 27 janvier 1827, le Chef du Ministère, se mentant à lui-même, mentant à la Chambre, mentant aux actes qu'il tenait dans ses mains, et semblant vouloir insulter à la probité du Roi, a osé nier l'existence des dettes de Sa Majesté chez l'Étranger! Le crime de trahison était flagrant. Dans la séance du 21 juillet 1828, l'honorable rapporteur de la Commission des pétitions a dévoilé l'imposture et l'outrage. Il en a fait justice : et M. le Ministre des finances, comte Roy, lui succédant à la tribune, et rendant aussitôt à la Couronne son éclat et au Monarque sa loyauté, a annoncé à la Chambre « que le Roi avait ordonné » qu'il fût nommé une Commission pour examiner » les titres de ceux qui se prétendaient ses Créan- » ciers. »

Une Ordonnance de Sa Majesté, du 2 août suivant, insérée au *Moniteur*, a bientôt institué

cette Commission, « devant laquelle les Créanciers
» ont été avertis de venir, *dans le plus bref délai*,
» produire leurs titres et faire reconnaître et fixer
» leurs créances. »

Dans cette Ordonnance, il faut bien l'obser-
ver, le Roi et son Ministre se sont conformés et
renfermés dans les dispositions de la loi du 21 décembre 1814, qui, en accordant 30 millions, qu'on
a cru approximativement suffisans pour l'acquit
des dettes de l'émigration, a confié au Roi l'institution de la Commission chargée de les reconnaître,
sauf l'approbation royale. Et ici, sur le renvoi que
les Chambres ont respectivement fait au Ministre des finances, des pétitions des Créanciers qui
n'ont pas pu être payés sur les 30 millions, S. M.,
pour connaître la quotité des dettes qui sont encore dues, et la somme qui serait *rigoureusement*
nécessaire pour les payer, a institué cette nouvelle
Commission, toujours conformément aux dispositions de la loi de 1814.

L'honorable Commission, composée de Membres des deux Chambres législatives, du Conseil-
d'État, de la Cour de cassation et de celle des
comptes, a travaillé pendant neuf mois entiers à
l'examen de ces titres, et à la reconnaissance des
dettes de Leurs Majestés (*a* p. 23).

Le Roi a approuvé ce travail, et l'a fait trans-
mettre aussitôt au Ministre des finances, dans les
attributions duquel il avait été décidé, au Conseil

du Roi, que ces dettes appartenaient, depuis qu'elles étaient devenues *dettes de l'Etat*, par l'avènement successif de LL. MM. au trône.

Cette décision du Conseil, dont les Créanciers avaient été informés précédemment, par lettre du Ministre de la maison du Roi, du 6 avril 1826, et qui leur est répétée en toute circonstance, est conforme au droit public, tant ancien que moderne, du royaume, auquel les Cours royales et de cassation se réfèrent en toute occasion : et la Chambre des Pairs y a rendu hommage dans sa séance du 5 juillet 1828 (V. *la consultation jointe*).

Après que le travail de la Commission eut été transmis à M. le Ministre des finances, M. le comte Roy et plusieurs de ses collègues, MM. les Gardes-des-Sceaux, comte Portalis et Bourdeau, M. le baron Hyde-de-Neuville, ont annoncé aux Créanciers, « qu'ils s'occuperaient incessamment, » *suivant les intentions du Roi*, des mesures de » paiement des dettes reconnues et fixées. »

Sa Majesté a bien voulu témoigner Elle-même à l'un de ses principaux Créanciers, combien Elle regrettait que les circonstances n'eussent pas permis qu'Elle se libérât plus tôt : et lui a dit « d'être » assuré qu'à la prochaine session des Chambres, » il serait pourvu à l'acquittement de ses dettes. »

Promesse auguste! suivant laquelle serait enfin terminé ce long scandale du Roi très chrétien, sous le poids de quelques restes des dettes de l'émigra-

tion, après seize années de restauration! et en con-
travention avec le VIIe. commandement de Dieu :
« Le bien d'autrui. . . . . ne retiendras à ton
» escient. »

Mais peu de temps après le Ministère a été dis-
sous! et depuis cette dissolution, repoussés par la
liste civile, sur ce fondement que ces dettes ne la
regardent plus! les malheureux Créanciers se sont
en vain efforcés, jusqu'aujourd'hui, de se préva-
loir, auprès du présent Ministère, de l'Ordonnance
du Roi, du travail de la Commission, des pro-
messes des derniers Ministres, et de celles même
de Sa Majesté, qui, bien qu'affranchie de la *maté-
rialité* de la dette envers eux, en conserve toujours
la *moralité :* et par ses sollicitudes, et par l'intérêt
qu'Elle daigne témoigner à ses Créanciers , leur
démontre que son honneur, sa conscience, sa probité en resteront chargés, aussi long-temps que
leur paiement ne sera pas effectué.

Eh! comment ce paiement peut-il embarrasser
le Ministère, quand le Domaine de l'État n'a pu,
qu'à la charge de leurs dettes, se mettre en possession des biens des deux Princes, à leur avènement successif à la Couronne : — Plus, de leur
part dans la loi des indemnités : — Plus, des
biens que Louis XVIII a laissés à sa mort, et
qu'on estime à dix-huit millions !

Eh! comment la proposition aux Chambres,
si elle est nécessaire, pourrait-elle éprouver des

obstacles ou des retards, quand c'est le concours des deux Chambres, qui, par le renvoi qu'elles ont fait au Ministre des finances des pétitions des Créanciers, a provoqué l'Ordonnance du Roi et l'institution de la Commission, qui a enfin solennellement reconnu et fixé les dettes de Sa Majesté?

Comment se pourrait-il enfin, qu'après seize ans de restauration, une Ordonnance, émanée du trône, dans une sorte de concert avec les Chambres, n'ait appelé, que pour les tromper, les Créanciers de l'hospitalité, à venir faire reconnaître et fixer leurs créances, déjà en souffrance, depuis vingt à vingt-cinq années antérieures à la restauration!

Quoi! malheureux et dans le besoin, depuis si long-temps, pour avoir confié leur fortune aux Princes français, *dans leurs revers*, la plupart de leurs Créanciers auront ajouté à leurs nombreux sacrifices : ils auront épuisé leurs derniers moyens, leurs dernières ressources, pour se mettre en état d'accourir, *dans le plus bref délai*, des divers départemens de la France, des bords du Pô, du Rhin, du Danube et de l'Elbe, à la voix auguste qui les a appelés, et qui, par cet appel, a fait luire pour eux le jour de leur remboursement!. . . . et quand, après neuf mois d'un séjour onéreux dans cette capitale ruineuse, ils ont appris qu'enfin leurs créances sont reconnues et fixées, et qu'ils ont dû croire à leur paiement immédiat, dont le dernier Ministère leur a promis de s'occuper incessamment, et auquel aucun homme d'honneur, soumis à sa conscience et à l'autorité des tribunaux, ne voudrait et ne pourrait se soustraire impunément; Quoi! le Ministère, présidé par M. le Prince de Polignac, se contenterait de leur dire, après dix autres mois : « que les circonstances ne » permettent pas qu'on donne, en ce moment, au- » cune suite au travail de la Commission : et qu'il a » même été résolu de ne donner aucune commu- » nication du travail de la Commission, *aux parties* » *intéressées ! ! !* »

Car tel est, depuis que la Commission a fini son travail, tel est, envers les Créanciers du Roi, le langage de M. l'Intendant-général de la maison de Sa Majesté! Tel ce qu'il écrivit le 5 de décembre dernier, à M. le Garde-des-sceaux, pour être transmis au Conseil-d'État; il y ajoute cependant « qu'il serait bien à désirer que le gouvernement » de Sa Majesté s'occupât enfin du remboursement » de ces dettes, *qui sont à la charge de l'État,* » *et non de la liste civile.* » Tel est encore ce qu'il ne cesse de répéter aux Créanciers; sans daigner leur faire pressentir quand cette cruelle résolution, qui pourrait être regardée comme une nouvelle trahison envers la Couronne, finira; ni le terme où ils pourront enfin connaître, comment leurs créances sont reconnues et fixées, aux termes de l'Ordonnance ?

Si quelques-uns d'entre eux sont parvenus à

l'apprendre; s'ils ont su que la Commission avait divisé les Créanciers en cinq classes, dont (les trois dernières étant ou douteuses ou rejetées) la première n'excède pas 2,700,000 fr., ni la seconde 2,000,000 fr.; de sorte que le montant des dettes reconnues et fixées ne s'élève pas à 6,000,000 fr., c'est qu'ils ont pu aborder le noble Pair qui a présidé la Commission, et quelques membres du précédent Ministère. Et c'est pour cette misérable somme de 6,000,000 fr., que M. le comte de Villèle n'a pas craint de se rendre *coupable de trahison* envers ses Rois et envers l'État! qu'il a osé vouloir que l'État, « que la loi a rendu le repré-» sentant du Prince, quant à ses biens et ses droits » actifs, et quant à ses engagemens personnels, » contractés avant son avènement, » reste, aux yeux de toute l'Europe, en banqueroute de la dette de Leurs Majestés! qu'il a osé montrer Charles X lui-même « *coupable d'ingratitude envers ceux* » *qui, dans ses revers, lui ont sacrifié leur for-* » *tune et leur vie!* »

Parmi les ministres actuels, le noble Pair, Ministre des finances, les accueille avec intérêt et leur témoigne de favorables dispositions. Mais M. le Président du Conseil reste, envers eux, sourd, muet, invisible et inabordable! et tout ce qu'ils ont pu en savoir, c'est que leurs doléances ont été renvoyées à l'examen de ses bureaux! et M. l'Intendant-général de la liste civile les éconduit et les repousse, sans égards pour leur âge, leur rang, leur dévouement, leurs services, leurs infortunes, non moins que sans respect pour la mémoire de Louis XVIII, et pour les engagemens par lesquels Sa Majesté leur avait promis et leur a fait payer, jusqu'à sa mort, des à-comptes annuels, remboursables sur le supplément qui devait être ajouté au crédit ouvert en 1814.

Ces engagemens de Louis XVIII, il faut le répéter, n'ont pas été remplis depuis sa mort ! Ces avances, ces à-comptes qu'il faisait payer annuellement, ne l'ont plus été sous le règne de Charles X ! Comme si ces dettes n'étaient pas communes aux deux augustes frères ! Comme si les engagemens de l'un, pour l'acquittement de dettes communes, n'étaient pas à la charge aussi bien qu'à la décharge de l'autre, et solidaires avec lui ?

Pour faire connaître combien sont coupables envers le Roi, ceux qui ont pu faire dater du jour de son avènement, l'époque où ont cessé d'être exécutés les engagemens de Louis XVIII, *auxquels Monsieur se référait lui-même*, il n'est pas besoin de recourir à l'énumération des services qui ont été rendus aux Princes, par les Étrangers dont les créances sont aujourd'hui reconnues et fixées ; et parmi les Français qui ont plus particulièrement donné des preuves de leur dévouement, on n'ira pas choisir les Magon La Balluc, dont quatorze têtes sont tombées sous la hache révolutionnaire,

« pour avoir envoyé des sommes énormes à l'in-
» fâme....... » (*La plume échappe de mes mains!*)
Mais prenant au hasard, dans le nombre des fidèles
sujets du Roi, celui de ses Créanciers dont le nom
se présente le premier, dans l'ordre alphabétique,
il suffira de lui seul, pour faire juger des titres et
du mérite des autres, ainsi que de *la trahison* de
ceux des Conseillers de Sa Majesté qui ont pu lui
faire rompre les engagemens de Louis XVIII.

On trouve M. *Abriot*, baron de Grusse. Il était
émigré; il voit ses augustes Princes éprouver les
plus urgens besoins; il va leur révéler qu'avant
d'émigrer, il a réalisé une somme de 150,000 fr.,
qu'il n'a pas pu emporter, et qu'il a enfouie, *en or*,
au pied d'un arbre qu'il ne saurait désigner, mais
qu'il peut seul retrouver. Il offre de s'exposer au
sort des *La Ballue*, d'aller lui-même retirer le
dépôt qu'il a confié à la terre, et de l'apporter à
Leurs Altesses Royales.

On loue cet admirable dévouement; on accepte
cette généreuse proposition. M. *Abriot* brave les
périls du voyage, du séjour, de l'œuvre et du re-
tour. Il pénètre en Franche-Comté : il y retrouve
son arbre fidèle : et, après les avoir sauvés de mille
dangers, partout renaissans sous ses pas, les
150,000 fr. sont bientôt aux pieds de ses Princes.
Les témoignages de leur reconnaissance lui sont
prodigués de vive voix et dans un acte, où Louis-
Stanislas-Xavier et Charles-Philippe lui ont

promis de s'empresser de le rembourser en principal et intérêts, aussitôt après leur rentrée en France.

Des circonstances impérieuses ont empêché que ce titre soit présenté à la Commission, chargée de l'emploi des trente millions votés en 1814. Mais dès qu'il a pu être mis sous les yeux de Louis XVIII, Sa Majesté a ordonné qu'il soit acquitté, autant que sa liste civile le permettait, par des à-comptes annuels, qui ont eu lieu jusqu'à sa mort, et qui ont cessé à l'avènement de Charles X!!! Comme si cet auguste Prince n'était parvenu au trône que pour signaler de plus haut, sa banqueroute et son ingratitude, envers ces mêmes Créanciers, sur qui Louis XVIII avait fait éclater sa justice et sa reconnaissance!!!

Quel Blasphême! quelle Trahison!

Cependant en 1828 la vérité a pu parvenir jusqu'au Roi, qui s'est alors empressé d'instituer une Commission pour lui faire connaître la quotité de ses dettes. Mais *une trahison* semble s'être ourdie de nouveau pour repousser les Créanciers, dont les dettes ont été reconnues et fixées, et pour les renvoyer (au mépris de l'Ordonnance qui les a appelés) les mains vides! Ces mêmes mains que le Roi a vues s'ouvrir si souvent à ses propres besoins, à tous les besoins des Bourbons, dans l'adversité!

On laisse plusieurs d'entre eux, dénués de secours, quêter, mendier leur viatique, à la vue du

trône resplendissant de leur auguste débiteur ! Tel
d'entre eux expie, en ce moment, sous les gui-
chets de Sainte-Pélagie, sa confiance à se rendre
à l'appel d'une Ordonnance royale !

Tel autre, pour prix d'un dévouement de qua-
rante années, des services signalés qu'il a rendus,
des prisons *qu'il a partagées avec M. le Président
du Conseil,* des dignités qui lui ont été enlevées, de
tous les sacrifices, jusqu'à la vente de ses rentes,
au cours de 73 ! employées à l'acquit d'une dette
pudibonde de Leurs Majestés *déjà restaurées,* voit
ses malheurs comblés, dans la soixante-dix-sep-
tième année de son âge, par l'expropriation forcée
de son modeste patrimoine et du dernier asile qui
restait à sa vieillesse !

La plupart enfin rendus, sans pitié, des objets
de pitié, sont réduits à maudire leur malheureuse
existence, et jusqu'à ce dévouement auquel d'augustes voix, *surtout celle* de CHARLES-PHILIPPE,
avaient promis d'autres récompenses !

Ce n'est cependant plus le temps, dont il a été
parlé ci-dessus, où un Ministre perfide, *trahissant
la Couronne,* osait, du haut de la tribune nationale, nier les dettes du dévouement et de l'hospitalité ; « et montrer son Roi ingrat envers ceux
» qui, dans ses revers, lui ont sacrifié leur liberté,
» leur fortune et leur vie. » Une Ordonnance
royale a démasqué l'imposture et *la trahison.* Elle
a solennellement fait reconnaître et fixer les dettes
de Sa Majesté !

Si on a pu prendre la résolution de laisser igno-
rer *aux parties intéressées*, comment ces dettes
sont reconnues et fixées; elles n'en sont pas moins
définitivement reconnues et fixées, par suite d'une
Ordonnance royale, connue de l'Europe entière!
— Et leur paiement serait encore atermoyé indéfi-
niment!! Se pourrait-il concevoir une série de pro-
cédés plus révoltans du puissant contre le faible?
une déception plus odieuse, une banqueroute plus
scandaleuse, une ingratitude plus monstrueuse?
Se pourrait-il rien enfin de plus honteux pour la
France constitutionnelle et monarchique, *que la
loi n'a mis en possession des biens des Princes
parvenus au trône, qu'à la charge de leurs dettes!*
Rien de plus fatal, dans l'Europe et dans l'his-
toire, à l'honneur du règne de Charles X; et de
plus capable de verser la déconsidération, la désaffection et l'affliction sur la vieillesse de ce Roi
chevalier, qui ne cesse de manifester le besoin de
sa conscience d'être délivré de ces dettes saintes et
sacrées du dévouement, de la confiance et de
l'hospitalité, *devenues dettes de l'État*, « aux né-
» cessités duquel » M. le Ministre des finances,
comte Roy, a déclaré, du haut de la tribune nationale, « Que la loi des finances doit toujours
» subvenir. » A quoi la même tribune, par l'organe
de l'honorable M. Dupin, a répondu : « que la
» Chambre tiendrait pour calomnieux tout ce qui
» semblerait porter du doute sur son amour du
» trône et de la dynastie, si puissamment empreint

» dans le cœur de tous les Français : — et qu'où il
» s'agirait d'une dette rigoureuse , chacun s'em-
» presserait d'en voter le paiement. »

Ah ! sans doute, après une telle profession de
foi, du haut de la tribune nationale, d'où, selon la
belle expression d'un autre honorable membre de
la Chambre et du dernier Ministère, le mot Honneur et surtout Honneur français, a tant d'écho :
sans doute, tout manquement à l'honneur et à
la probité est impossible : et plus l'impossibilité
est manifeste, plus les malheureux Créanciers du
Roi, devenus par la loi, Créanciers de l'État,
doivent espérer, se flatter, s'assurer que leurs
humbles doléances seront accueillies par des âmes
royalistes et françaises, « en qui l'amour du trône
» et de la dynastie est si puissamment empreint. »

A ces causes, la très honorable Chambre est
très humblement suppliée de vouloir bien inviter
les Ministres du Roi à venir au secours de Sa Majesté et de ses Créanciers, et à prendre les mesures
les plus efficaces et les plus prochaines pour le paiement des dettes reconnues et fixées, par la Commission créée par l'Ordonnance royale du 2 août
1828, conformément à la loi du 21 décembre 1814;
et qui *dettes des Princes français*, dans leur origine, sont devenues *dettes rigoureuses de l'Etat*,
par le double avènement de LL. MM. Louis XVIII
et Charles X, au trône de leurs aïeux; et desquelles

il est aussi juste que facile d'ordonner le paiement, sur la portion des biens des Princes que ce même avènement et la mort de Louis XVIII n'ont réunis au Domaine de l'État, qu'à la charge de leurs dettes.

Après ces conclusions, qu'ils doivent s'attendre de voir accueillir par une Chambre, « qui tien-
» drait pour calomnieux tout ce qui semblerait
» porter du doute sur son amour du trône et de la
» dynastie, » les humbles pétitionnaires, en qui ce même amour est aussi puissamment empreint, s'unissent, en terminant, au point de l'acte d'accusation du Ministère déplorable, que le vénérable doyen de la Chambre s'est borné à indiquer, par le mode interrogatif : et le spécifiant plus expressément,

D'autant que nier ses dettes, et surtout celles du dévouement, de la confiance et de l'hospitalité, est l'acte odieux et honteux d'une âme ingrate autant que vile et méprisable ;

Que manquer à ses engagemens, surtout à des engagemens d'honneur et de justice, est l'acte d'un homme sans foi ou de mauvaise foi ;

Et qu'en niant effrontément, à la tribune nationale, les dettes du Roi, dont les titres, *reconnus par Leurs Majestés*, étaient entre ses mains :

Et en manquant aux engagemens qu'Elles avaient pris envers leurs Créanciers, le comte de Villèle a excité, non seulement en France, mais dans

l'Europe entière, à la haine et au mépris du Roi,
dont il était le Ministre:

Le soussigné dénonce à la Chambre, et accuse
formellement devant Elle, le comte Joseph de
Villèle, *de trahison* envers la Couronne, la France
et le Roi.

Le Comte DE PFAFFENHOFFEN,

*Créancier reconnu du Roi et de l'État, par déci-
sion de S. M., du 13 mars 1819; par Arrêté
du Préfet de la Seine, du 12 octobre 1826;
par la Commission créée par Ordonnance
royale du 2 août 1828; tant en son nom, que
pour les autres créanciers, reconnus par la même
Commission.*

Paris, le 2 mars 1830.

EXTRAIT

D'UNE CONSULTATION

DE MESSIEURS

BOURGUIGNON, BILLECOCQ, TRIPIER, GAYRAL,

CHARRIÉ ET COCHIN.

LES Créanciers reconnus des Princes Français sont devenus Créanciers de l'État, par l'avènement successif de Leurs Majestés Louis XVIII et Charles X à la Couronne de France, et par la réunion qui s'est alors opérée des domaines privés des Princes, au Domaine de l'État.

On sait que, suivant un principe fondamental de notre droit public, cette réunion de tous les biens possédés par le Prince qui monte sur le trône, au Domaine de l'État, s'opère de plein droit, à l'instant même de son avènement, par la puissance de nos institutions; mais à la charge, par l'État, d'acquitter toutes les dettes personnelles de son Roi.

Lorsque Henri IV monta sur le trône, *il résista d'abord à cette réunion* (qui comprenait le

royaume de Navarre, plusieurs autres principautés
et des domaines en France), *dans la crainte de
porter préjudice à ses créanciers personnels*. Le
Parlement insista; et la réunion fut enfin pro-
noncée par l'Édit du mois de juillet 1607, *en
conservant les droits des créanciers personnels
du Roi*. Il fut fait mention, dans le préambule
de l'Édit, de cette sollicitude du Roi en faveur
de ses créanciers. « *Le soin de payer nos créan-*
» *ciers*, auxquels, Nous et Nos prédécesseurs, Rois
» de Navarre et Ducs de Vendôme, avions engagé
» et hypothéqué plusieurs parts et portions du
» patrimoine que nous possédions de notre chef
» et à titre particulier, *nous a retenus de décla-*
» *rer cette réunion*. » Mais pour les rassurer plei-
nement, Il eut soin de faire insérer dans le dis-
positif la phrase suivante : « *Les droits néan-*
» *moins de nos créanciers demeurant en leur en-*
» *tier, et en la même force et vertu qu'ils étaient*
» *auparavant notre avènement à la couronne*. »

L'article 20 de la loi du 8 novembre 1814, re-
lative à la liste civile et à la dotation de la Couronne, confirme cet ancien principe : « Les biens
» particuliers du Prince qui parvient au Trône,
» sont, de plein droit et à l'instant même, réunis
» au Domaine de l'État; et l'effet de cette réunion
» est perpétuel et irrévocable. »

Et comme il n'y a de biens réels à réunir que
ceux qui restent libres, déduction faite des dettes

(*non sunt bona nisi deducto œre alieno*), il s'en-
suit que le Domaine de l'État ne s'accroît des biens
particuliers du Prince qui parvient à la Couronne,
qu'à la charge, par l'État, d'acquitter la totalité de
ses dettes.

C'est ce que la Cour de cassation a jugé par deux
arrêts célèbres, rendus les 30 janvier 1822 et 26
avril 1824, motivés sur ce que :

« C'èst un ancien et irrévocable principe du
» droit public français, qu'à l'instant même de l'a-
» vènement du Roi au Trône, tous les biens qu'il
» possédait auparavant, sont, de plein droit, unis
» et incorporés au Domaine de l'État, d'une ma-
» nière perpétuelle et irrévocable;

» Que cette disposition de la loi, opérant une
» dévolution entière et forcée de tous les droits
» actifs et passifs de la personne du Prince en fa-
» veur de l'État, l'effet nécessaire et légal de ce dé-
» saisissement absolu, est d'affranchir le Roi de
» toutes les actions qu'on aurait pu avoir contre
» lui, avant son avènement au Trône, *et de ren-*
» *dre ses créanciers, créanciers de l'État;*

» Que l'État, devenant, en effet, le représentant
» du Prince, quant aux biens et aux droits actifs,
» *doit aussi,* par une juste réciprocité, *le repré-*
» *senter, quant aux engagemens personnels,* con-
» tractés avant l'avènement;

» Ce qui s'opère par la seule force de la loi;

» Sous ce rapport, LES ANCIENS CRÉANCIERS DU

» Prince deviennent, lors de l'avènement, les
» créanciers directs de l'État. »

L'opinion contraire serait d'une iniquité révoltante. Quoi! l'État profiterait de la totalité des biens du Prince qui parvient au Trône, sans être tenu de se libérer envers ses créanciers? et le Roi serait personnellement affranchi de toute action qu'on aurait pu avoir contre lui! Ainsi l'avènement du Prince au Trône, le constituerait en état de faillite! et sa Couronne deviendrait l'enseigne de la détresse, le signal de la ruine de ses créanciers! Cette supposition est tellement absurde, tellement injurieuse à la Majesté royale et à la dignité de l'État, que personne n'oserait se présenter pour la soutenir, etc., etc., etc.

(a) *Page 6.*

Membres de la Commission.

M. le comte Daru, pair de France, Président.

M. le comte d'Argout, pair de France.

M. le baron Hely-d'Oyssel, } Membres de la Chambre
M. le chevalier Allent, } des députés.

M. de Fréville, } Conseillers d'État.
M. Maillard, }

M. le baron Zangiacomi, conseiller en la Cour de cassation.

M. Cordelles, }
M. Taboureau, } Membres en la Cour des comptes.
M. De Laborde, }

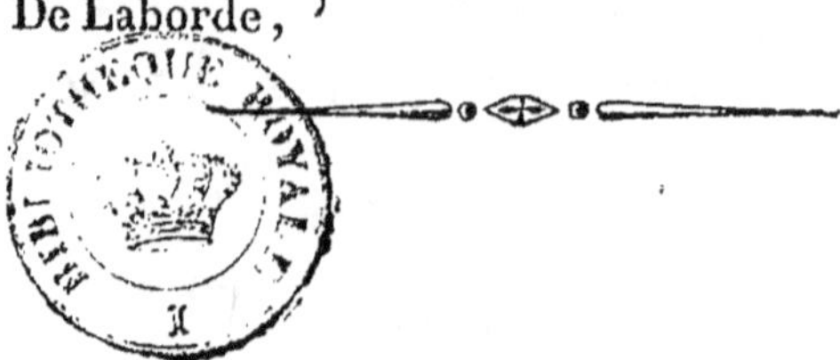

ÉMENDEMENT

AUX CONCLUSIONS

DE LA PÉTITION

Des Créanciers reconnus du Roi et de l'État,

A LA CHAMBRE DES DÉPUTÉS,

Du 2 Mars 1830.

No. 14 DES RAPPORTS.

A CES CAUSES,

Vu les lois *en vigueur*, tant anciennes que modernes, par lesquelles les Cours Royales et de Cassation prononcent, en toute occasion, que « les Créanciers du Prince qui arrive au Trône, » deviennent, par son avènement, Créanciers » directs de l'État. »

Vu le procès-verbal de la séance de la Chambre, du 21 juillet 1828, où, d'après un rapport de la

Commission des pétitions, M. le Ministre des finances a annoncé à la Chambre « que le Roi avait
» ordonné qu'il soit nommé une Commission
» pour examiner les titres de ceux qui se pré
» tendaient ses Créanciers. »

Vu l'ordonnance du Roi, du 2 août suivant, qui a nommé cette Commission, conformément aux dispositions de la loi du 21 décembre 1814.

Vu la lettre de M. l'Intendant-général de la maison du Roi, à M. le Garde-des-sceaux, en date du 5 décembre 1829, dans laquelle il écrit à S. Exc. « qu'il a été résolu de ne donner aucune
» communication des travaux de la Commission
» *aux parties intéressées ; ....,* et qu'il serait à
» désirer que le Gouvernement du Roi s'oc
» cupât *enfin* du remboursement de toutes ces
» dettes, *lesquelles sont à la charge de l'État*
» *et non de la liste civile.* »

Attendu que l'Ordonnance du Roi, annoncée à la Chambre par le Ministre des finances, n'a pas pu être un leurre et une déception pour la Chambre, ni pour les Créanciers qu'elle a appelés a venir faire reconnaître et fixer leurs créances;

Attendu que le travail de la Commission ne peut pas rester un secret pour la Chambre, à qui elle a été solennellement annoncée, ni pour les Créanciers, dont elle a reconnu et fixé les créances, et qui ont droit d'en réclamer le paiement.

LA très-honorable Chambre est très humblement suppliée de vouloir bien

Se faire rendre compte du travail de ladite Commission ;

Se faire également rendre compte des biens , meubles et immeubles, dévolus au domaine de l'État, par l'avènement au Trône de Leurs Majestés Louis XVIII et Charles X, et par la mort de Louis XVIII ;

Et inviter les Ministres du Roi à prendre et proposer les mesures les plus efficaces et les plus promptes, pour le paiement des dettes reconnues et fixées ; lesquelles, *dettes des Princes*, dans leur origine , sont devenues *dettes rigoureuses de l'État,* par le double avènement de Leurs Majestés au Trône ; et desquelles le paiement ne sera cependant pas une charge pour l'État, puisqu'il sera pris sur la portion des biens des Princes, que leur avènement successif au Trône, la loi d'indemnité et la mort de Louis XVIII, n'ont réunis au domaine de l'État, qu'à la charge de leurs dettes.

Le Comte DE PFAFFENHOFFEN.

Paris, le 10 Mars 1830.

IMPRIMERIE DE PIHAN-DELAFOREST (MORINVAL),
Rue des Bons-Enfans , n° 34.

9 782016 125816